JN085826

はじめに

みなさんは煮込みというと、どのような料理を思い浮かべますか？
私にとっては、フライパンでさっと作るふだんのおかずであり、鋳物の鍋を取り出してコトコトと時間をかけて煮込むボリュームメニューでもあり、わが家の食卓になくてはならないもの。どちらの煮込みも頼りにしています。

忙しくて、さっと作りたいというときにはフライパン煮込みが定番。「トマトハッシュドビーフ」や「豚こまのキムチクリーム煮」といったごはんにかけて食べるような煮込みは、肉と野菜がいっしょにとれて食べごたえがあり、ひと皿で満足できますし、「牛肉とごぼうの山椒煮」や「香味三杯鶏」といった白いごはんに合うボリューム煮込みは、夫に好評でよく作ります。

まかないに作るのは大抵、鍋でコトコト作る煮込み料理。時間さえかければ調理がむずかしくないことや、温め直せば食べたいときにおいしく食べられるから重宝します。「スパイスチキンカレー」や、「ルーロー飯」はその代表。お腹も大満足のメニューなので、ぜひご紹介したいと思っていました。

また、「牛すね肉の赤ワイン煮込み」や「ボルシチ」は年に何度も作る料理ではないかもしれない腕まくりメニューですが、特別な日にこの本を見ながら作ってもらえたらと思っています。

ごはん作りって日々のこと。1分1秒でも早く手軽に作りたいときもあれば、ときには時間に余裕があって少し背伸びしたものを作りたいときがあるのも実際の家庭料理だと思います。
この本が日々のごはん作りのお役に立てたらうれしいです。

市瀬悦子

Contents

この本の決まりごと

・計量単位は、カップ1＝200㎖、大さじ1＝15㎖、小さじ1＝5㎖です。

・フライパンは、特に表記のない場合はコーティング加工された直径26㎝のもの、鍋は厚手の直径22㎝のものを使用しています。

・電子レンジの加熱時間は出力600Wの場合の目安です。500Wの場合は、加熱時間を1.2倍にしてください。機種によって多少異なる場合があります。

・塩は精製塩、砂糖は上白糖、しょうゆは濃い口しょうゆを使用しています。

・だし汁は昆布と削り節でとった和風だしです。市販の即席だしを使う場合は、塩分が含まれていることがあるので、味を確かめて調味してください。

・野菜は特に記述がない場合でも、「洗う」「皮をむく」などの下ごしらえをしてから調理に入ってください。

知っておきたい 煮込みのキホン

この本の煮込みの作り方は、3つのパターンに分かれています。
それぞれのよさを生かした、いろいろなバリエーションの煮込み料理が楽しめます。

パターン 1 焼いて、炒めて、香ばしさや うまみをプラスして煮る

フライパンや鍋で食材の表面を焼きつけたり、炒めたり、揚げ焼きにしたりして、うまみを閉じ込めてから煮汁を加えて煮込みます。こんがりとした香ばしさ、油のコクなども加わり、おいしさアップに。また、焼いたときの焦げが煮ているうちにうまみとなって、味に深みが増します。この本では、最も多いパターンになります。

2 食材を重ねて 蒸し煮に

食材を重ねて調味料などを加え、ふたをして蒸し煮にします。少ない水分で蒸気を全体に行き渡らせながら煮るので、食材のうまみがじんわり引き出され、シンプルな味つけでもとびきりのおいしさに仕上がります。

3 煮立たせた 煮汁にIN

あらかじめ煮汁を合わせて煮立てたところに、食材を加えて煮ます。少ない時間でやさしく、色よく煮含めるような、和風味の煮込みにぴったりの作り方。あっさり、しみじみとしたおいしさを堪能できます。

フライパンと鍋について

Part1では、コーティング加工された、直径26cmのフライパンを、
Part2では、直径22cmの鍋を使っています。
鍋は、熱伝導率が高く、全体に熱がまわりやすい厚手のものがおすすめです。
私が愛用しているのは、「ストウブ」、「ル・クルーゼ」のような鋳物ホウロウ製の鍋。
薄手の鍋は、水分が蒸発しやすく、加熱ムラができたり、
焦げついたりすることがあるので、火加減などに注意が必要です。

Part 1

煮込み時間ほぼ15分！
フライパンで
ボリューム煮込み

身近な調理器具"フライパン"を使った、煮込み時間が短めのデイリーなおかずを集めました。
フライパンは底面積が広いので、肉や魚介、野菜を焼いたり、炒めたりしやすく、
そのままささっと煮込めて、とっても手軽！
どの煮込みも食べごたえたっぷりで、大満足間違いなしです。

チキンとポテトのレモンバター煮込み

レモンのさわやかな酸味、タイムのすっきりとした香り、
バターのまろやかなコクが相まって、極上のおいしさに。
タイムはほかに、すっきり系のローリエ、ローズマリーなどのハーブでも。

材料（2人分）
鶏もも肉…大1枚（300g）
じゃがいも…2個（300g）
レモン（国産）…½個
タイム…3〜4本
A ┌ 塩…小さじ½
  └ 粗びき黒こしょう…少々
オリーブ油…小さじ1
B ┌ 白ワイン…大さじ2
  │ 塩…小さじ⅓
  └ 水…カップ¾
バター…10g

作り方

1 じゃがいもは皮をむき、2㎝厚さの半月切りにする。レモンは4等分の輪切りにする。鶏肉はひと口大に切り、全体にAをふる。

2 フライパンにオリーブ油を中火で熱し、鶏肉を皮目を下にして並べ、3〜4分焼く。焼き色がついたら上下を返し、さっと焼く。

3 じゃがいもを鶏肉と重ならないように広げ入れ、Bを加え、レモン、タイム、バターをのせる。煮立ったらふたをして、弱めの中火で10分ほど煮る。

チキンと紫玉ねぎの
ビネガー煮込み

ワインビネガーの酸味が煮込む間にうまみへと変わります。酢の働きで、肉もやわらか。
甘みが増してとろりとした紫玉ねぎが、彩りのアクセントにもなります。

材料（2人分）
鶏もも肉…2枚（500g）
紫玉ねぎ…1個（200g）

A ┌ 塩…小さじ⅔
  └ こしょう…少々

オリーブ油…小さじ1

B ┌ 白ワインビネガー…大さじ5
  │ 水…カップ½
  │ ローリエ…1枚
  └ バター…20g

作り方

1 紫玉ねぎは縦半分に切って横1cm幅に切る。鶏肉はひと口大に切り、全体にAをふる。

2 フライパンにオリーブ油を中火で熱し、鶏肉を皮目を下にして並べ、3～4分焼く。焼き色がついたら紫玉ねぎを加え、ざっと炒め合わせる。

3 Bを順に加えて混ぜ、煮立ったらふたをして、弱火で15分ほど煮る。

チキンとカリフラワーの
アンチョビクリーム煮
→作り方はP.16

鶏肉とパプリカの
オイスター重ね煮
→作り方はP.17

チキンとカリフラワーの
アンチョビクリーム煮

生クリームの濃厚なコクにアンチョビのうまみを足した
クリーミーな煮込みです。
淡泊なむね肉が、しっかり食べごたえのあるひと皿に。

材料(2人分)

鶏むね肉(皮なし)…1枚(250g)
カリフラワー…½株(200g)
にんにく…1かけ
アンチョビ(フィレ)…3枚(8g)
A ┌ 塩…小さじ¼
　└ こしょう…少々
小麦粉…適量
オリーブ油…大さじ½
白ワイン…大さじ5
B ┌ 生クリーム…カップ1
　│ 塩…小さじ⅓
　│ こしょう…少々
　└ 水…カップ½
イタリアンパセリ(粗みじん切り)…適量

作り方

1 カリフラワーは小さめの小房に分ける。にんにく、アンチョビはみじん切りにする。鶏肉はひと口大のそぎ切りにし、全体にAをふって小麦粉を薄くまぶす。

2 フライパンにオリーブ油を中火で熱し、鶏肉を2分ほど焼き、上下を返して1分ほど焼く。にんにく、アンチョビを加えて香りが立つまで炒め、カリフラワーを加えてさっと炒め合わせる。

3 白ワインを加え、煮立ったらBを加えて混ぜる。再び煮立ったら弱めの中火にし、ときどき混ぜながら、軽くとろみがつくまで8〜10分煮る。器に盛り、イタリアンパセリをふる。

アンチョビ

かたくちいわしを塩漬けにして加工したもの。うまみがあり、塩けが強いので、少量を調味料的に使う。煮込みのほか、サラダやパスタなどにも。

鶏肉とパプリカの
オイスター重ね煮

少ない煮汁で蒸し煮にするので、
素材のうまみがじんわり引き出されて美味。
仕上げにとろみをつければ、最後までアツアツです。

材料（2人分）

鶏むね肉（皮なし）…1枚（250g）

パプリカ（赤）…1個

玉ねぎ…½個

A ┌ 酒、しょうゆ…各小さじ1
  └ 片栗粉…小さじ½

B ┌ 酒…大さじ2
  │ 砂糖、オイスターソース…各大さじ1
  │ しょうゆ…小さじ2
  │ 酢…小さじ1
  └ 水…大さじ4

C ┌ 片栗粉、水…各大さじ½

作り方

1 パプリカ、玉ねぎはひと口大に切る。鶏肉はひと口大のそぎ切りにし、Aをもみ込む。Bは混ぜ合わせる。

2 フライパンにパプリカ、玉ねぎを広げ入れ、鶏肉を広げてのせる。Bを回しかけ、ふたをして中火にかけ、7分ほど蒸し煮にする。

3 Cの水溶き片栗粉を回し入れ、混ぜながらとろみをつける。

香味三杯鶏
サンベイジー

鶏肉をバジルやとうがらし、しょうゆなどで煮込んだ、台湾でおなじみの家庭料理。
ピリ辛&しっかりとした味つけで、ごはんがもりもり食べられます。

材料(2人分)
鶏もも肉…2枚(500g)
長ねぎ…1本
バジル…1パック(15g)
にんにく…2かけ
ごま油…大さじ½

A
赤とうがらし
　（種を除く）…2本
しょうゆ…大さじ2½
酒…大さじ2
砂糖…大さじ1
水…カップ1

作り方

1 長ねぎは1cm幅の斜め切りにし、バジルは葉を摘む。にんにくは縦半分に切り、鶏肉はひと口大に切る。

2 フライパンにごま油を中火で熱し、鶏肉を皮目を下にして並べ、3〜4分焼く。焼き色がついたらにんにくを加えて炒め、香りが立ったら長ねぎを加え、肉の色が変わるまで炒める。

3 余分な脂をペーパータオルでふき、Aを加えて混ぜる。煮立ったら弱めの中火にし、ときどき上下を返しながら、汁けが少なくなるまで20分ほど煮る。バジルを加え、さっと混ぜる。

鶏肉のピリ辛五目煮

食物繊維が多く、食べごたえのある根菜をとり合わせた、具だくさんの煮もの。
素朴な味わいに、豆板醤のキリッとした辛みが絶妙なバランスです。

材料(2人分)
鶏もも肉…1枚(250g)
ごぼう…½本(80g)
れんこん…100g
にんじん…½本(80g)
しいたけ…3枚
サラダ油…大さじ½
豆板醤…小さじ½

A
- しょうゆ…大さじ2½
- 酒、みりん…各大さじ2
- 砂糖…大さじ1
- 水…カップ1

作り方

1 ごぼうは皮を包丁の背で軽くこそげ、麺棒でたたいて縦半分に割り、4cm長さに切る。れんこんは皮をむき、1cm幅のいちょう切りにする。それぞれ水にさっとさらし、水けをきる。にんじんは皮をむき、小さめのひと口大の乱切りにする。しいたけは石づきを取って4つ割りにする。鶏肉は小さめのひと口大に切る。

2 フライパンにサラダ油、豆板醤を入れて中火にかけ、さっと炒める。鶏肉を加えて色が変わるまで炒め、ごぼう、れんこん、にんじん、しいたけを加え、全体に油がまわるまで炒める。

3 Aを加えて混ぜ、煮立ったらふたをする。弱めの中火にし、ごぼうに竹串がスッと通るまで15〜20分煮て、火を止める。そのまま冷まして味を含ませ、食べる直前に再度温める。

鶏肉とさつまいもの重ねみそ煮

鶏肉にしっかりと味をつけて蒸し煮にするので、仕上がりの味がぼやけず、
さつまいもホクホク。みそ味が、ごはんにぴったりです。

材料(2人分)
鶏もも肉…大1枚(300g)
さつまいも…1本(300g)
A みりん…大さじ3
　 みそ…大さじ2
小ねぎ(小口切り)…適量

作り方

1 さつまいもは皮つきのまま1
cm幅の輪切りにし、水にさっ
とさらして水けをきる。鶏肉は
ひと口大に切る。

2 ボウルにAを混ぜ、鶏肉を加
えてもみ込む。

3 フライパンにさつまいもを重な
らないように広げ入れ、2を汁
ごと広げてのせる。フライパ
ンの縁から水カップ3/4(分量
外)を回し入れ、ふたをして中
火にかけ、15分ほど蒸し煮に
する。器に盛り、小ねぎをの
せる。

鶏肉となすの南蛮煮

少なめの油でむね肉となすを揚げ焼きにしてから煮るので、コク満点!
むね肉に片栗粉をまぶした効果で、煮汁がよくからんでくれます。

材料(2人分)
鶏むね肉(皮なし)…1枚(250g)
なす…3本(240g)
A 塩…小さじ1/4
　 酒…大さじ1
片栗粉…適量
サラダ油…大さじ6
B 赤とうがらし
　　(小口切り)…1/2本分
　 しょうゆ…大さじ2 1/2
　 みりん…大さじ2
　 水…カップ1

作り方

1 なすは4つ割りにし、長さを半
分に切る。鶏肉はひと口大の
そぎ切りにし、Aをもみ込んで
片栗粉を薄くまぶす。

2 フライパンにサラダ油を中火
で熱して鶏肉を入れ、上下を
返しながら4分ほど揚げ焼き
にして、油をきる。続けてなす
を入れ、中火で上下を返しな
がら3分ほど揚げ焼きにし、油
をきる。

3 火を止め、フライパンの油を
ペーパータオルでふき取り、2
を戻し入れる。Bを加えて混
ぜ、中火にかける。煮立った
ら弱めの中火にし、汁けが少
なくなるまで4〜5分煮る。

手羽とピーマンのくたくた煮

丸ごとのピーマンを、食べやすくて火の通りもいい鶏スペアリブといっしょに甘辛味に。
くったりするまで煮込むので、ピーマンのへたも種もおいしく食べられます。

材料（2人分）
鶏スペアリブ…300g
ピーマン…4個
サラダ油…小さじ1
A
赤とうがらし（種を除く）…1本
しょうゆ、みりん…各大さじ2
砂糖…大さじ½
水…カップ¾

作り方

1 ピーマンは丸のまま、手でぎゅっとつぶす。

2 フライパンにサラダ油を中火で熱し、鶏スペアリブを皮目を下にして並べ、焼き色がつくまで3〜4分焼く。1を加え、さっと炒め合わせる。

3 Aを加えて混ぜ、煮立ったらふたをして、弱めの中火にする。途中、1〜2度上下を返し、ピーマンがくったりするまで15〜20分煮る。

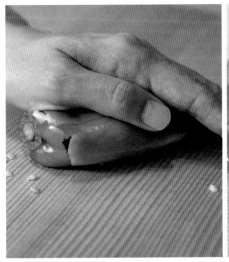

豚こまとズッキーニのオリーブトマト煮

味出し効果のあるオリーブのおかげで、うまみが段違いにアップ。
豚こまにざっと小麦粉をまぶすので、煮汁にほどよくとろみもつきます。
クスクスにおいしい煮汁をたっぷりと吸わせて食べるのがおすすめ。

材料（2人分）

豚こま切れ肉…200g

ズッキーニ…大1本（200g）

玉ねぎ…½個

にんにく…½かけ

ブラックオリーブ

　（塩漬け・種抜き）…10個

A ┌ 塩…小さじ⅓
　│ こしょう…少々
　└ 小麦粉…大さじ1

オリーブ油…大さじ1

B ┌ ホールトマト缶…1缶（400g）
　│ ローリエ…1枚
　│ はちみつ…小さじ1
　│ 塩…小さじ½
　└ 水…カップ1

クスクス（もどしたもの・下記参照）

　…適量

作り方

1 ズッキーニは1cm幅の輪切りにし、玉ねぎはひと口大に切る。にんにくはみじん切りにする。豚肉はAを順にふり、菜箸でざっとまぶす。

2 フライパンにオリーブ油、にんにくを入れて中火にかけ、香りが立ったら豚肉を加えて色が変わるまで炒める。ズッキーニ、玉ねぎを加え、2分ほど炒める。

3 Bを加えてトマトを粗くつぶし、オリーブを加えてざっと混ぜる。煮立ったら弱めの中火にし、とろりとするまで15分ほど煮る。器にクスクスとともに盛りつける。

クスクス

プチプチとした食感の粒状のパスタ。ゆでずに、もどすだけで食べられるので手軽。煮込み料理に添えたり、スープをかけたり、サラダなどに。

【もどし方（約2人分）】

クスクス100gをボウルに入れ、熱湯カップ½を回し入れ、さっと混ぜる。ラップをかけ、そのまま10分ほど蒸らし、ほぐす。

豚こまのキムチクリーム煮

キムチ×ホワイトソースの新鮮なかけ合わせ！　マイルドな辛みとまろやかさがやみつきに。
ちょっぴりのしょうゆが味を引きしめ、香りよく仕上げてくれます。

材料（2人分）
豚こま切れ肉…200g
玉ねぎ…½個
白菜キムチ…80g
A ┌ 塩…小さじ¼
　│ こしょう…少々
　└ 小麦粉…小さじ1
サラダ油…小さじ1
B ┌ バター…10g
　└ 小麦粉…大さじ1
C ┌ 牛乳…カップ1¼
　└ しょうゆ…小さじ1
温かいごはん…適量

作り方

1 玉ねぎは1cm幅のくし形切りにする。白菜キムチは1cm四方に切る。豚肉はAを順にふり、菜箸でざっとまぶす。

2 フライパンにサラダ油を中火で熱し、豚肉を色が変わるまで炒める。玉ねぎを加えてしんなりするまで炒め、キムチを加え、全体に油がまわるまで炒める。Bを加え、バターを溶かしながら粉っぽさがなくなるまで炒める。

3 Cを加え、ときどき混ぜながら、とろみがつくまで2分ほど煮る。器にごはんとともに盛りつける。

豚こまとキャベツのアンチョビバター煮

豚肉やアンチョビ、バターなどのうまみを存分にキャッチしたキャベツが絶品。
タイムのすっきりとした風味で、味に奥行きが出ます。

材料(2人分)
豚こま切れ肉…150g
キャベツ…1/4個(250g)
アンチョビ(フィレ)…3枚(8g)
タイム…3〜4本
A[塩…小さじ1/2
  粗びき黒こしょう…少々
バター…20g
B[白ワイン…大さじ2
  水…カップ3/4

作り方
1 キャベツはざく切りにし、アンチョビはみじん切りにする。豚肉はAをふる。

2 フライパンにキャベツ、豚肉を順に広げながら重ね入れ、アンチョビを散らし、タイム、バターをのせる。Bを回し入れ、ふたをして中火にかけ、10分ほど蒸し煮にする。

豚バラと小松菜のうま塩煮

定期的に食べたくなる、ほっとする和風味に仕上げました。
火の通りやすい食材の組み合わせだから、煮込み時間もかかりません。

材料（2人分）
豚バラしゃぶしゃぶ用肉…150g
小松菜…1束（200g）

A
┃ だし汁…カップ2
┃ 酒、みりん…各大さじ2
┃ 塩…小さじ¾
┃ しょうゆ…小さじ½

作り方

1 小松菜は5㎝長さに切り、茎と葉に分ける。

2 フライパンにAを入れて混ぜ、中火にかける。煮立ったら豚肉を加えてアクをとり、小松菜の茎を加え、ときどき上下を返しながら、茎がやわらかくなるまで5分ほど煮る。

3 小松菜の葉を加え、上下を返しながらさっと煮る。

豚バラとにんじんのコチュジャン煮

韓国の辛みみそ"コチュジャン"をベースに、甘辛くて濃厚な味わい。
うまみの強い豚バラ、甘みのあるにんじんと、絶妙にマッチします。

材料（2人分）
豚バラ薄切り肉…150g
にんじん…2本（300g）

A
┃ おろしにんにく…½かけ分
┃ 酒、しょうゆ、コチュジャン
┃ 　…各大さじ1½
┃ 砂糖…大さじ1
┃ ごま油…大さじ½
白髪ねぎ…適量

作り方

1 にんじんは皮をむいて長さを半分に切り、上部は8つ割りにし、下部は4つ割りにする。豚肉は6〜7㎝長さに切る。

2 ボウルにAを入れて混ぜ、豚肉を加えてからめる。

3 フライパンににんじんを入れ、2をたれごと広げてのせる。水カップ1（分量外）を回し入れ、ふたをして中火にかけ、にんじんに竹串がスッと通るまで、15〜20分蒸し煮にする。器に盛り、白髪ねぎをのせる。

豚バラと白菜の台湾風春雨煮

豚バラの濃厚なうまみ、オイスターソースのコク、高菜漬けの発酵した酸味が味の決め手。
煮汁を余すところなく吸った春雨が、ツルツルと楽しい食感です。

材料（2人分）
豚バラ薄切り肉…150g
白菜…小¼株（400g）
にんにく…1かけ
高菜漬け…60g
春雨（カットタイプ）…30g
サラダ油…大さじ1
A ┌ 赤とうがらし（種を除く）
　　　…1本
　├ オイスターソース…大さじ2
　│ 砂糖、しょうゆ…各小さじ1
　└ 水…カップ1½
ごま油…少々

作り方

1 白菜は軸と葉に切り分け、軸はひと口大のそぎ切りにし、葉は大きめのひと口大に切る。にんにくはみじん切りにし、高菜漬けは粗みじん切りにする。豚肉は6〜7cm長さに切る。

2 フライパンにサラダ油、にんにくを入れて中火にかけ、香りが立ったら豚肉を加え、色が変わるまで炒める。高菜漬けを加え、全体に油がまわるまで炒める。

3 Aを加えて混ぜ、春雨を加えて煮汁にさっと浸してなじませる。白菜の軸、葉を順に重ね入れ、ふたをして、春雨がやわらかくなり、白菜がしんなりするまで弱めの中火で15分ほど蒸し煮にする。ごま油を回し入れ、混ぜる。

豚肉と大根のみぞれ煮

大根は半量をいちょう切りにし、残りはすりおろして煮込みます。
大根おろしは軽く水けをきって加えると、味がぼやけず、とろりとやさしい口当たりに。

材料(2人分)
豚ロース薄切り肉…8枚(200g)
大根…大⅓本(400g)
A ┌ だし汁…カップ1
  │ しょうゆ、酢、みりん…各大さじ1½
  │ 砂糖…大さじ½
  └ 塩…小さじ¼
長ねぎの青い部分(小口切り)…適量

作り方

1 大根は皮をむき、半量をすりおろしてざるにあげ、軽く水けをきる。残りは1cm幅のいちょう切りにする。

2 フライパンにAを入れて混ぜ、中火にかける。煮立ったら豚肉、いちょう切りの大根、大根おろしを順に加え、再び煮立ったらふたをし、弱火で15分ほど煮る。

3 器に盛り、長ねぎをのせる。

ミートボールと
きのこのマスタードクリーム煮

ミートボールはこんがりと焼いてうまみを閉じ込め、ジューシーに。
生クリームを使うからこその、リッチでまろやかなおいしさがたまりません。

材料（2人分）
合いびき肉…250g
しめじ…大1パック（150g）
玉ねぎ…¼個

A
┌ 溶き卵…1個分
│ パン粉…カップ½
│ 塩…小さじ⅓
└ ナツメグ（あれば）、こしょう…各少々

小麦粉…適量
オリーブ油…大さじ½

B
┌ 生クリーム…カップ1
│ 白ワイン…大さじ2
│ 粒マスタード…大さじ1
└ 塩…小さじ½

パセリバターライス（下記参照）…適量

【パセリバターライスの作り方（約2人分）】
ボウルに温かいごはん300gを入れ、バター10g、イタリアンパセリ（またはパセリ）のみじん切り大さじ1を加えてさっくりと混ぜる。

作り方

1 しめじは石づきを取り、小房に分ける。玉ねぎはみじん切りにする。

2 ボウルにひき肉、玉ねぎ、Aを入れ、粘りが出るまで練り混ぜる。10等分にして丸め、小麦粉を薄くまぶす。

3 フライパンにオリーブ油を中火で熱して2を入れ、ときどき転がしながら、全体に焼き色がつくまで5～6分焼く。しめじを加え、さっと炒め合わせる。

4 Bを加えて混ぜ、煮立ったら弱めの中火にし、軽くとろみがつくまで4～5分煮る。器にパセリバターライスとともに盛りつける。

ひき肉とチンゲン菜のピリ辛中華煮

ラー油で辛みをピリリときかせた、ごはんにぴったりのおかず。
チンゲン菜は軸と葉で火の通りがまったくちがうので、時間差で加えるのがコツです。

材料(2人分)
豚ひき肉…150g
チンゲン菜…2株(250g)
しょうが…1かけ
にんにく…½かけ
サラダ油…大さじ½
A［しょうゆ…大さじ1½
　　ラー油…小さじ1
　　水…カップ¾
B［片栗粉、水…各小さじ1
ごま油…少々

作り方

1 チンゲン菜は長さを3等分に切り、下の軸は縦12等分に切る。しょうが、にんにくはみじん切りにする。

2 フライパンにサラダ油、しょうが、にんにくを入れて中火にかけ、香りが立ったらひき肉を加え、ほぐしながら炒める。肉の色が変わったらAを加えて混ぜ、煮立ったらチンゲン菜の軸を加え、ふたをして弱めの中火で5分ほど煮る。

3 チンゲン菜の葉を加え、上下を返しながら葉がしんなりするまでさっと煮る。Bの水溶き片栗粉を加え、混ぜながらとろみをつけ、ごま油を回し入れる。

チリポークビーンズ

チリパウダーを使うと、辛みとともに独特の余韻が残り、がぜん本格的な味になります。
トルティーヤチップスやチコリ、パンなどを添えて、どうぞ。

材料(2人分)
豚ひき肉…150g
レッドキドニービーンズ(水煮)
　…200g
玉ねぎ…¼個
にんにく…1かけ
オリーブ油、小麦粉…各小さじ1
A［ホールトマト缶…½缶(200g)
　　トマトケチャップ…大さじ2
　　チリパウダー、ウスターソース
　　　…各小さじ1
　　塩…小さじ½
トルティーヤチップス、チコリ
　…各適量

作り方

1 玉ねぎ、にんにくはみじん切りにする。

2 フライパンにオリーブ油、にんにくを入れて中火にかけ、香りが立ったら玉ねぎを加え、しんなりするまで炒める。ひき肉、小麦粉を加え、肉をほぐしながら色が変わるまで炒める。

3 Aを加えてトマトを粗くつぶし、レッドキドニービーンズを加え、ときどき混ぜながら、とろみがつくまで5分ほど煮る。器に盛り、トルティーヤチップス、葉を1枚ずつはずしたチコリを添える。

アボカドとトマトの
ドライカレー

トマトのフレッシュな酸味を生かした軽やかなドライカレーに、
クリーミーなアボカドをプラス。仕上げに加え、具材感をしっかり残します。

材料（2人分）
合いびき肉…200g
トマト…小1個（120g）
アボカド…1個
玉ねぎ…½個
にんにく…½かけ
サラダ油…大さじ½
カレー粉…大さじ1
A┌ トマトケチャップ…大さじ2
 │ ウスターソース…大さじ1
 │ 塩…小さじ¼
 └ 水…カップ½
温かいごはん…適量

作り方

1 トマトは1cm角に切り、アボカドはひと口大に切る。玉ねぎ、にんにくはみじん切りにする。

2 フライパンにサラダ油、にんにくを入れて中火にかけ、香りが立ったら玉ねぎを加え、しんなりするまで2分ほど炒める。ひき肉を加え、ほぐしながら色が変わるまで炒める。カレー粉を加え、粉っぽさがなくなるまで炒める。

3 A、トマトを加え、ときどき混ぜながらとろりとするまで3分ほど煮る。アボカドを加え、さっと混ぜる。器にごはんとともに盛りつける。

37

フレッシュトマト煮込みハンバーグ

肉だねの表面を焼き固めてから、生のトマトをベースにしたソースで煮ます。
仕上げのバターが、さっぱりとした味わいにコクを与えます。

材料(2人分)

合いびき肉…250g
トマト…大1個(200g)
しめじ…1パック(100g)
玉ねぎ…½個

A
- 赤ワイン…大さじ4
- トマトケチャップ…大さじ2
- 中濃ソース…大さじ1

B
- パン粉…カップ½
- 溶き卵…1個分
- 牛乳…大さじ1
- 塩…小さじ¼
- ナツメグ(あれば)、こしょう…各少々

サラダ油…大さじ½
バター…10g

作り方

1 玉ねぎはみじん切りにして耐熱皿に広げ入れる。ふんわりとラップをかけ、電子レンジで2分30秒ほど加熱し、冷ます。しめじは石づきを取って小房に分ける。

2 トマトは2cm角に切ってボウルに入れ、Aを加えて混ぜる。

3 別のボウルにひき肉、B、玉ねぎを入れ、粘りが出るまで練り混ぜる。4等分にし、小判形にととのえる。

4 フライパンにサラダ油を中火で熱し、**3**を並べ入れ、2分ほど焼く。焼き色がついたら上下を返し、2分ほど焼く。余分な脂をペーパータオルでふき、しめじをハンバーグの周りに入れて**2**をかけ、バターを加える。ふたをして、弱火で10分ほど煮る。

つくねとかぶのゆずこしょう煮

ゆずこしょうのさわやかな辛みをアクセントに。つくねのうまみを吸い、
やわらかく煮えたかぶが舌ざわりなめらかで、なんともいえないおいしさです。

材料(2人分)
鶏ひき肉…200g
かぶ…2個(200g)
かぶの葉…40g

A
- おろししょうが…½かけ分
- 酒…大さじ1
- 片栗粉…大さじ½
- 塩…小さじ¼

B
- だし汁…カップ1½
- みりん…大さじ1
- ゆずこしょう…小さじ1
- しょうゆ…小さじ½
- 塩…小さじ¼

作り方

1 かぶは皮をむいて6等分のくし形切りにする。かぶの葉は5cm長さに切る。

2 ボウルにひき肉、Aを入れ、粘りが出るまで練り混ぜる。

3 フライパンにBを入れて混ぜ、中火にかける。煮立ったら2をスプーン2本でひと口大に丸めて加える。色が変わったらかぶを加え、ふたをして、弱めの中火で5分ほど煮る。

4 ふたを取って強めの中火にし、かぶの葉を加え、ときどき上下を返しながら葉がしんなりするまで3〜4分煮る。

牛肉とごぼうの山椒煮

実山椒の独特のさわやかな香り、少ししびれるような辛みをきかせて、
大人な甘辛味に。クセになる味わいで、思わず箸がすすみます。

材料(2人分)
牛切り落とし肉…200g
ごぼう…1本(180g)
実山椒(水煮)…大さじ2
サラダ油…大さじ½
A [しょうゆ…大さじ2½
    砂糖、みりん…各大さじ1
    水…カップ1¼]

作り方

1 ごぼうは皮を包丁の背で軽くこそげ、縦半分に切って斜め薄切りにする。水にさっとさらし、水けをきる。

2 フライパンにサラダ油を中火で熱し、ごぼうを入れて3分ほど炒める。牛肉を加え、肉の色が変わるまで炒める。

3 A、実山椒を加えて混ぜ、煮立ったらふたをして 弱めの中火で10分ほど煮る。

41

トマトハッシュドビーフ
→作り方はP.44

牛肉のサワークリーム煮
→作り方はP.45

トマトハッシュドビーフ

市販のデミグラスソースを使い、煮込み時間をぐぐっと短縮。
いっしょにさっと煮込んだトマトのうまみで
全体の味に深みが増します。

材料(2〜3人分)
牛切り落とし肉…250g
玉ねぎ…1個
トマト…大1個(200g)

A
- 塩…小さじ¼
- こしょう…少々
- 小麦粉…大さじ1

サラダ油…大さじ1

B
- デミグラスソース缶…½缶(約150g)
- バター…15g
- 赤ワイン、トマトケチャップ…各大さじ2
- しょうゆ…大さじ½
- 塩…小さじ¼
- 水…大さじ5

温かいごはん…適量

作り方

1 玉ねぎは1.5cm幅のくし形切りにし、トマトは小さめのひと口大に切る。牛肉はAを順にふり、菜箸でざっとまぶす。

2 フライパンにサラダ油を中火で熱し、玉ねぎをしんなりするまで2分ほど炒める。牛肉を加えて肉の色が変わるまで炒め、トマトを加えて全体に油がまわるまで炒める。

3 Bを加えて混ぜ、煮立ったら弱めの中火にし、ときどき混ぜながらとろみがつくまで3分ほど煮る。器にごはんとともに盛りつける。

牛肉のサワークリーム煮

サワークリームのほどよい酸味とコクをプラスした
まろやかな味わいは、一度食べたらやみつきになるはず。
ゆでたパスタにからめて食べるのがイチオシです。

材料（2人分）
牛切り落とし肉…200g
玉ねぎ…1/2個
マッシュルーム…1パック（100g）
にんにく…1かけ
サワークリーム…1パック（90mℓ）
A ┌ 塩、こしょう…各少々
　└ 小麦粉…大さじ1
オリーブ油…大さじ1 1/2
B ┌ 塩…小さじ1/2
　│ こしょう…少々
　└ 水…カップ3/4
ペンネ（ゆでたもの・下記参照）、
　　イタリアンパセリ（粗みじん切り）…各適量

作り方

1 玉ねぎは横半分に切り、縦薄切り
にする。マッシュルームは石づきを
取り、にんにくとともに薄切りにす
る。牛肉はAを順にふり、菜箸でざ
っとまぶす。

2 フライパンにオリーブ油大さじ1を
強めの中火で熱し、玉ねぎを軽く
焼き色がつくまで7〜8分炒め、フ
ライパンの端に寄せる。中火に
し、空いたところにオリーブ油大さ
じ1/2、にんにくを入れて熱する。香
りが立ったら牛肉を加え、肉の色
が変わるまで炒め、マッシュルーム
を加え、さっと炒め合わせる。

3 Bを加え、煮立ったらふたをして、
弱めの中火で5分ほど煮る。サワ
ークリームを加えて溶かし、弱火で
さっと煮る。器にペンネとともに盛
り、イタリアンパセリをふる。

【ペンネのゆで方（約2人分）】
鍋に湯1ℓを沸かし、塩小さじ2、ペン
ネ100gを加え、袋の表示時間通りに
ゆでる。湯をきり、オリーブ油少々をか
らめる。

サワークリーム
生クリームを乳酸菌で発酵さ
せた乳製品。なめらかなクリ
ーム状で、さわやかな酸味や
コクがある。ボルシチのような
煮込みのトッピングなどにも。

ソーセージとキャベツの
シュークルート風

少ない水分で蒸し煮にし、ソーセージのうまみ、キャベツの甘みを引き出して。
ローリエのすがすがしさ、ワインビネガーの酸味が心地よいひと皿です。

材料(2人分)
ウインナソーセージ…6本
キャベツ…¼個(250g)
オリーブ油…大さじ½

A
白ワイン…大さじ2
白ワインビネガー…大さじ1
塩…小さじ⅓
水…カップ½

ローリエ…1枚

作り方

1 キャベツは短めの細切りにする。ソーセージは切り込みを5本ほど入れる。

2 フライパンにオリーブ油を中火で熱し、ソーセージを炒める。切り込みが開いてきたらキャベツを加え、しんなりするまで炒める。

3 Aを加えてざっと混ぜ、ローリエをのせてふたをし、弱めの中火で5分ほど蒸し煮にする。

ローリエ
月桂樹の葉を乾燥させたもので、清涼感のある甘い香りが特徴。肉や魚の臭みを消しつつ、風味が格段にアップする。日持ちするので、ぜひ常備を。

ベーコンとひらひら大根の
塩バター煮

くったりとした薄切り大根が、コクのある蒸し汁をたっぷり吸い込み、たまらないおいしさ。
仕上げにチーズをたっぷりとかければ、ごちそう感もアップします。

材料(2人分)
ベーコン…5枚(90g)
大根…大1/3本(400g)
ローリエ…1枚
バター…15g
塩…小さじ1/4
パルミジャーノ・レッジャーノ(または粉チーズ)
　…適量

作り方

1 大根は皮を厚めにむき、2〜3mm
幅の半月切りにする。ベーコンは
長さを半分に切る。

2 フライパンに大根の半量を広げ入
れ、ベーコンの半量を広げてのせ
る。これをもう一度くり返し、ローリ
エ、バターをのせる。水カップ1/4(分
量外)をフライパンの縁から回し入
れ、ふたをして中火にかけ、7分ほ
ど蒸し煮にする。

3 塩を加え、ざっくりと混ぜる。器に
盛り、パルミジャーノ・レッジャーノ
を削りながらかける。

アクアパッツァ

たいとあさりをとり合わせ、魚介のおいしさを存分に楽しみます。
焼いたバゲットを添えたりして、うまみの詰まった蒸し汁も余すところなく味わって。

材料(2人分)
たい…2切れ(160g)
あさり(砂抜き済み)…150g
ミニトマト…6個
にんにく…1かけ
ブラックオリーブ(塩漬け・種抜き)…6個
塩…小さじ¼
オリーブ油…大さじ1½
イタリアンパセリ(粗みじん切り)…適量

オリーブ(塩漬け)
オリーブの実を渋抜きし、塩漬けにしたもの。グリーンは若いうちに収穫したもので、ほのかに苦みがある。ブラックは完熟してから収穫するので、甘みがあってやわらか。

作り方

1 たいは塩をふって10分ほどおき、ペーパータオルで水けをふく。あさりは殻と殻をこすり合わせて洗い、水けをきる。ミニトマトはへたを取り、にんにくは半分に切ってつぶす。

2 フライパンにオリーブ油大さじ½、にんにくを入れて中火にかけ、香りが立ったらたいを皮目を下にして入れ、2分ほど焼く。上下を返し、2分ほど焼く。

3 あさり、ミニトマト、オリーブを散らし、水カップ½(分量外)を回し入れ、ふたをして3〜4分蒸し煮にする。あさりの殻が開いたらオリーブ油大さじ1を回しかけ、蒸し汁とよくなじませる。器に盛り、イタリアンパセリをふる。

めかじきと長ねぎの梅煮

淡泊なめかじきをさっぱりとした蒸し煮に。味つけの要となるのが、梅干しの酸味や塩け。
梅干しは、ものによって塩けや甘みがちがうので、最後に味をみて調整してください。

材料(2人分)
めかじき…2切れ(160g)
長ねぎ…2本(200g)
梅干し…2個
A[みりん…大さじ2
しょうゆ…大さじ1
水…カップ½]

作り方

1 めかじきはひと口大に切る。長ねぎは青い部分を含めて4cm長さに切る。梅干しは種を除き、4等分にちぎる。

2 フライパンにAを入れて混ぜ、中火にかける。煮立ったら長ねぎ、めかじきを順に広げ入れ、梅干しを散らす。再び煮立ったらふたをして、弱火で5分ほど煮る。上下を返し、ふたをして5分ほど煮る。味をみて、足りなければ塩少々(分量外)でととのえる。

鮭とれんこんの揚げ焼き煮

少ない油で揚げ焼きにし、フライパンの油をふき取って、甘辛味の煮汁で
さっと煮込みます。揚げ焼きのひと手間で、おいしさも食べごたえも増し増しに。

材料(2人分)
生鮭…2切れ(200g)
れんこん…200g
塩…小さじ¼
片栗粉…適量
サラダ油…大さじ3
A[赤とうがらし(小口切り)…½本分
だし汁…カップ1
しょうゆ、みりん…各大さじ2]

作り方

1 鮭は3〜4等分に切って塩をふり、5分ほどおいて水けをふく。れんこんは皮をむき、1cm幅の半月切りにして水にさっとさらし、水けをふく。それぞれ片栗粉を薄くまぶす。

2 フライパンにサラダ油を中火で熱し、れんこんを並べ入れ、ときどき上下を返しながら、竹串がスッと通るまで5分ほど揚げ焼きにし、取り出す。続けて鮭を並べ入れ、ときどき上下を返しながら、4分ほど揚げ焼きにする。

3 火を止め、フライパンの余分な油をペーパータオルでふき、Aを加えて混ぜ、中火にかける。れんこんを戻し入れ、煮立ったら弱めの中火にし、ときどき上下を返しながら5分ほど煮る。

えびと白菜の中華クリーム煮

ぷりぷりのえび、とろりとしたやさしい口当たりの白菜に、クリーミーな煮汁が
からんで美味。仕上げにごま油をたらすと、香ばしさが食欲を誘います。

材料(2人分)
むきえび…150g
白菜…小1/4株(400g)
サラダ油…大さじ1/2
A [
　鶏ガラスープの素、
　　オイスターソース
　　…各小さじ1
　塩…小さじ1/3
　こしょう…少々
　水…カップ1/2
]
B [
　牛乳…カップ1/2
　片栗粉…小さじ2
]
ごま油…少々

作り方

1 白菜は葉と軸に切り分け、葉はひと口大に切り、軸はひと口大のそぎ切りにする。むきえびは片栗粉適量(分量外)をふってもみ、水洗いして水けをふく。

2 フライパンにサラダ油を中火で熱し、白菜の軸を入れ、すき通るまで2分ほど炒める。白菜の葉を加え、さっと炒め合わせる。

3 むきえび、Aを加えて混ぜ、ふたをして弱火で5分ほど蒸し煮にする。Bをよく混ぜてから加え、とろみがつくまで混ぜながら温める。ごま油を加え、さっと混ぜる。

たらとじゃがいもの白ワイン煮

余分な水分が抜け、うまみが凝縮している甘塩だらは、蒸し煮に向いている魚のひとつ。
にんにくやオリーブ、白ワインの風味が、さっぱりとしたたらの味わいを引き立てます。

材料(2人分)
甘塩だら…2切れ(160g)
じゃがいも…2個(300g)
にんにく…1かけ
グリーンオリーブ
　　(塩漬け・種抜き)…10個
オリーブ油…大さじ½
塩…小さじ⅓
白ワイン…大さじ2
ディル(葉先を摘む)…適量

作り方

1 じゃがいもは皮をむいて1cm厚さの半月切りにし、水にさっとさらして水けをきる。にんにくは薄切りにする。たらは3等分に切る。

2 フライパンにオリーブ油を強めの中火で熱し、じゃがいもを並べ入れ、3〜4分焼く。焼き色がついたら上下を返し、塩をふる。

3 たらをのせ、にんにく、オリーブを散らし、白ワイン、水大さじ2(分量外)を加える。煮立ったらふたをし、弱めの中火で5分ほど蒸し煮にする。器に盛り、ディルをのせる。

うまみを引き出して味わう

野菜だけのシンプル煮込み

野菜のうまみを存分に引き出すから、シンプルな味つけでも満足感のある仕上がりに。
サブおかずとして、おつまみとして大活躍してくれます。

じゃがいもと
オクラのサブジ

スパイスで野菜を蒸し煮にしたインド料理。
クミン、カレー粉でエキゾチックなひと皿に。

材料(2人分)

じゃがいも…2個(300g)
オクラ…8本
にんにく…½かけ
サラダ油…大さじ1
クミンシード…小さじ½
カレー粉…小さじ1
塩…小さじ⅓

作り方

1 じゃがいもは皮をむき、1.5cm幅の半月切りにする。オクラは塩適量(分量外)をふり、こすり合わせてうぶ毛をとり、洗ってガクをむく。にんにくはみじん切りにする。

2 フライパンにサラダ油、クミンシード、にんにくを入れて中火で熱し、香りが立ったらじゃがいもを加えて炒める。じゃがいもの周りがすき通ってきたらカレー粉を加え、粉っぽさがなくなるまで炒める。

3 オクラ、塩を加えてざっと混ぜ、水カップ½(分量外)を回し入れてふたをする。じゃがいもに竹串がスッと通るまで、弱めの中火で7分ほど蒸し煮にする。

56

材料(2人分)
さつまいも…1本(250g)
レモン(国産)…¼個
A ┌ 砂糖、はちみつ…各大さじ2
  │ 塩…小さじ⅓
  └ 水…カップ1½

作り方

1 さつまいもは皮つきのまま1㎝幅の輪切りにし、水にさっとさらして水けをきる。レモンは皮つきのまま薄い半月切りにする。

2 鍋にAを入れて混ぜ、1を加えて中火にかける。煮立ったら落としぶたをし、弱めの中火で10分ほど煮る。火を止め、冷ましながら味を含ませる。

さつまいもの
はちみつレモン煮

レモンのさわやかな酸味をプラスした
やさしい甘み。箸休めにぴったりです。

材料(2人分)
ブロッコリー…½株(150g)
にんにく…1かけ
赤とうがらし(種を除く)…1本
オリーブ油…カップ½
塩…小さじ⅓
バゲット…適量

作り方

1 ブロッコリーは小房に分け、茎は皮を厚めにむいて5㎜幅の輪切りにする。にんにくは半分に切る。

2 小さめのスキレット(または小さめのフライパン)に1、赤とうがらし、オリーブ油を入れて塩をふり、中火にかける。煮立ったら弱火にし、ときどきブロッコリーの上下を返しながら5〜6分煮る。

3 バゲットを食べやすく切り、2に添える。

ブロッコリーの
アヒージョ

オイル煮でほろほろになった房、
ホクホクの茎が絶品。ぜひバゲットを添えて。

ラタトゥイユ

いろいろな野菜から出てくる水分を利用してうまみを凝縮。
かさが減って、ぺろりと食べられます。

材料（4人分）
ズッキーニ…大1本（200g）
なす…2本（160g）
トマト…2個（300g）
パプリカ（黄）…1個
玉ねぎ…1個
にんにく…1かけ
ローリエ…1枚
オリーブ油…大さじ2
塩…小さじ1

作り方

1 ズッキーニ、なすはへたを取り、ひと口大の乱切りにする。トマトはへたを取り、パプリカはへたと種を取り、玉ねぎとともにひと口大に切る。にんにくはみじん切りにする。

2 フライパンにオリーブ油、にんにくを入れて中火で熱し、香りが立ったらズッキーニ、なす、パプリカ、玉ねぎを加え、全体に油がまわって玉ねぎがすき通るまで2〜3分炒める。

3 トマト、塩、ローリエを加え、ざっくりと混ぜる。ふたをして、弱火で20分ほど蒸し煮にする。
＊冷蔵で約5日保存可。

Part 2

じっくりコトコト!
鍋でボリューム煮込み

鍋でじっくりコトコト煮込む料理には、格別なおいしさがあります。
時間はかかるけれど、基本ほったらかしでいいので、実は気楽。
あらかじめ作っておけば、あとは食べるときに温め直せばOK!
人を招いてのおもてなし、誕生日などの特別な日にぴったりのボリューム&
ごちそう感あふれる煮込みもあります。

スパイスチキンカレー

鶏肉をヨーグルトに漬け、数種類のスパイスを使った本格派の味わい。
玉ねぎはレンチンすると、あめ色玉ねぎにするための炒め時間がぐっと短縮できます。

材料(4〜5人分)
鶏もも肉…3枚(750g)
玉ねぎ…2個
にんにく…2かけ
ホールトマト缶…1缶(400g)
A [プレーンヨーグルト…200g
   塩…小さじ1
   こしょう…少々]
サラダ油…大さじ3
クミンシード…大さじ1
B [コリアンダーパウダー、クミンパウダー…各大さじ1½
   ターメリック…小さじ1]
スープストック(下記参照・または水)…カップ2½
塩、ガラムマサラ…各小さじ1
バスマティーライス(炊いたもの・下記参照)、パクチー(ざく切り)
   …各適量

【スープストックの作り方(約1ℓ分)】
❶鶏ガラ1羽分は洗って血の塊などを除く。熱湯をかけて水
洗いし、水けをきる。
❷鍋に①を入れ、しっかりかぶる量の水を注ぎ、長ねぎの青
い部分1本分、しょうがの皮1かけ分、あれば黒粒こしょう大さ
じ1を入れて強火にかける。煮立ったらアクをとって弱火にし、
ときどきアクをとりながら1時間ほどゆでる。
❸ざるにペーパータオルを敷き、②をこす。
＊冷蔵で2〜3日、冷凍で約3週間保存可。

バスマティーライス
インドなどで栽培されている
香り米。日本の米に比べて
細長く、パラパラとした食感、
ナッツのような香りが特徴
で、汁けの多いカレーと相性
抜群。

【炊き方(4〜5人分)】
❶バスマティーライスカップ1½は
さっと洗ってボウルに入れ、全体
が浸るように水を注ぎ、30分ほど
おく。ざるにあげ、水けをきる。
❷鍋に水カップ5を入れて沸騰さ
せ、①を加える。弱めの中火にし、
軽く沸騰している状態を保ちなが
ら7分ほどゆでる。
❸ざるにあげて湯をしっかりきり、
鍋に戻し入れてふたをし、10分ほ
ど蒸らす。

作り方
1 鶏肉は大きめのひと口大に切り、ポリ
袋に入れる。Aを加えてもみ込み、空気
を抜いて口を閉じ、冷蔵室で1時間〜
ひと晩漬ける。

2 玉ねぎは縦半分に切って横半分に切
り、縦薄切りにする。耐熱ボウルに入
れ、ふんわりとラップをかけて電子レン
ジで10分ほど加熱する。にんにくはみ
じん切りにする。

3 鍋にサラダ油を強火で熱し、玉ねぎを
10分ほど炒める。強めの中火にし、濃
い茶色になるまでさらに5分ほど炒め
る。中火にし、クミンシード、にんにくを
加え、香りが立つまで炒める。

4 ホールトマトを加えてつぶし、玉ねぎとな
じんで茶色になるまで、混ぜながら煮
る。Bを加え、粉っぽさがなくなるまで混
ぜる。

5 1を汁ごと加え、ヨーグルトが煮汁にな
じむまで混ぜる。スープストック、塩を加
えて混ぜ、煮立ったら弱めの中火にし、
40分ほど煮る。

6 ガラムマサラを加え、粉っぽさがなくなる
まで混ぜる。器にバスマティーライスと
ともに盛りつけ、パクチーを添える。

手羽元と卵のにんにく黒酢煮

黒酢の効果で、骨から肉がほろりとはずれるほどやわらか。
深いコクがありながらさっぱりとして、飽きのこないおいしさです。

材料(4人分)
鶏手羽元…12本(700g)
卵(常温にもどす)…4個
にんにく…2かけ
サラダ油…大さじ½

A
赤とうがらし(種を除く)…2本
黒酢、しょうゆ…各大さじ5
砂糖、酒、はちみつ
　　…各大さじ3
水…カップ1½

作り方

1 鍋に湯を沸かして中火にし、卵をお玉などにのせてそっと入れる。ときどき転がしながら8分ほどゆで、冷水にとって冷まし、殻をむく。にんにくは半分に切る。

2 鍋にサラダ油を中火で熱し、手羽元を皮目を下にして入れ、焼き色がつくまで4～5分焼く。にんにくを加え、香りが立つまで炒める。

3 Aを加えて混ぜ、煮立ったらアクをとる。落としぶたをして弱めの中火にし、途中1～2度上下を返しながら30分ほど煮る。

4 落としぶたを取って中火にし、ゆで卵を加え、さっと煮からめる。

手羽元と大根のオイスター煮込み

オイスターソースベースの甘辛中華味は、ごはんともお酒とも相性抜群。
こっくりとした煮汁が中までしみ込んだ大根も、格別です。

材料(4人分)
鶏手羽元…8本
大根…大½本(600g)
にんにく…2かけ
サラダ油…大さじ½

A
赤とうがらし(種を除く)…1本
オイスターソース…大さじ4
砂糖…大さじ1½
しょうゆ…大さじ½
水…カップ1½

作り方

1 大根は5cm長さに切って皮を厚めにむき、6つ割りにする。にんにくは半分に切る。

2 鍋にサラダ油を中火で熱し、手羽元を皮目を下にして入れ、焼き色がつくまで4～5分焼く。大根、にんにくを加え、全体に油がまわるまで炒める。

3 Aを加えて混ぜ、煮立ったらアクをとる。落としぶたをして弱めの中火にし、途中1～2度上下を返しながら40分ほど煮る。

チキンと白いんげん豆の 白ワイン煮込み

いんげん豆をもどし汁とともに鶏肉とじっくり煮込んで。味つけはシンプルですが、肉はもちろん、豆から出るうまみも重なり、深みのある味わいに仕上がります。

材料（4人分）
鶏もも肉…大2枚（600g）
白いんげん豆（乾燥）…150g
玉ねぎ…½個
A ┌ 塩…小さじ1
　└ こしょう…少々
オリーブ油…大さじ1
白ワイン…カップ½
タイム…3〜4本

作り方
1 白いんげん豆はさっと洗って水けをきる。ボウルに入れ、水カップ3（分量外）を加えてひと晩おく。

2 玉ねぎはみじん切りにする。鶏肉は1枚を4等分に切り、Aを全体にふる。

3 鍋にオリーブ油を中火で熱し、鶏肉を皮目を下にして入れ、焼き色がつくまで4〜5分焼く。上下を返してさっと焼き、取り出す。続けて玉ねぎを入れ、しんなりするまで2分ほど炒める。

4 鶏肉を戻し入れ、白ワイン、タイムを加える。1をもどし汁ごと加え、煮立ったらアクをとる。ふたをして弱火にし、豆がしっかりやわらかくなるまで45分ほど煮る。

手羽元とにんじんの ハニーバルサミコ酢煮

バルサミコ酢のおだやかな酸味とコクに、はちみつの甘みをプラス。手羽元×にんじんの組み合わせが、リッチな煮込みに変身します。

材料（4人分）
鶏手羽元…8本
にんじん…2本（300g）
にんにく…2かけ
A ┌ 塩…小さじ⅓
　└ こしょう…少々
オリーブ油…大さじ½
B ┌ ローリエ…1枚
　│ バルサミコ酢…大さじ5
　│ 砂糖、しょうゆ…各大さじ1½
　│ はちみつ…大さじ1
　└ 水…カップ2¼

作り方
1 手羽元はAをすり込む。にんじんは長さを半分に切って縦半分に切る。にんにくは半分に切る。

2 鍋にオリーブ油を中火で熱し、手羽元を皮目を下にして入れ、焼き色がつくまで3〜4分焼く。にんじん、にんにくを加え、全体に油がまわるまで炒める。

3 Bを加えて混ぜ、煮立ったらアクをとり、落としぶたをする。弱めの中火にし、途中1〜2度上下を返しながら30分ほど煮る。

鶏肉と里いものうま煮

里いもを使ったこっくり味の煮ものは、見た目は地味でも、しみじみとしたおいしさを
堪能できます。にんにくとしょうが、ダブルの香りをきかせるのが、味のポイント。

材料(4人分)
鶏もも肉…大2枚(600g)
里いも…12個(600g)
サラダ油…小さじ2
A [
おろしにんにく…½かけ分
おろししょうが…1かけ分
しょうゆ…大さじ5
砂糖、酒…各大さじ3
水…カップ1½
]

作り方

1 里いもは皮をむき、塩適量
(分量外)をふってもみ、洗って
水けをきる。鶏肉はひと口大
に切る。

2 鍋にサラダ油を中火で熱し、
鶏肉を色が変わるまで炒め
る。里いもを加え、全体に油
がまわるまで炒める。

3 Aを加えて混ぜ、煮立ったら
アクをとり、落としぶたをす
る。弱めの中火にし、途中1
〜2度上下を返しながら20
分ほど煮る。里いもに竹串が
スッと通ったら火を止め、その
まま冷まして味を含ませる。食
べる直前に再度温める。

豚のナンプラー角煮

しょうゆの代わりにタイの魚醤
"ナンプラー"を使った、
エスニックバージョン。
魚のうまみを感じる奥行きのある
味わいは、ごはんによく合います。

材料（4人分）
豚バラかたまり肉…2本（1本500g）
チンゲン菜…1株
A ┃ しょうがの皮…2かけ分
　┃ 長ねぎの青い部分…1本分
　┃ 米…大さじ2
B ┃ 赤とうがらし（種を除く）…1本
　┃ 酒…カップ1/4
　┃ ナンプラー…大さじ3
　┃ 砂糖…大さじ2
　┃ 水…カップ2

作り方

1 鍋に豚肉を脂身を下にして入れ、中火にかけて5分ほど焼く。出てきた脂をペーパータオルでふきながら、残りの大きい面も1分ずつ焼く。

2 火を止め、豚肉がしっかりかぶる量の水を注ぎ、Aを加えて強火にかける。煮立ったらアクをとり、落としぶたをして、肉がやわらかくなるまで弱火で1時間30分ゆでる。途中、ゆで汁が少なくなったら水を足す。火を止めてそのまま冷まし、冷蔵室に入れてひと晩おく（保存容器などに移してもOK）。

3 2の煮汁の表面に固まった白い脂を取り除く。豚肉を取り出し、米を洗い流して、1本を4等分に切る。

4 鍋をきれいにし、Bを入れて混ぜ、豚肉を加えて中火にかける。煮立ったら落としぶたをし、弱めの中火で30分ほど煮る。

5 チンゲン菜は6つ割りにする。たっぷりの熱湯に根元から入れて1分ほどゆで、葉も沈めてさっとゆで、湯をきる。

6 器に4を盛って5を添え、煮汁適量をかける。

67

豚肉のポットロースト

塩と砂糖をすり込んでひと晩ねかせた豚肉をこんがり焼き、風味豊かに蒸し煮にします。
とろとろの玉ねぎ、甘酸っぱいジューシーなりんごとの相性もばっちりです。

材料(3~4人分)

豚肩ロースかたまり肉…500g
玉ねぎ…2個
りんご…1個
ローズマリー…2本
A┌ 塩、砂糖…各小さじ1½
オリーブ油…大さじ½
塩…小さじ¼
白ワイン…カップ1¼
粒マスタード…適量

作り方

1 豚肉はAをすり込み、ポリ袋に入れる。空気を抜いて口を閉じ、冷蔵室でひと晩おく。

2 玉ねぎは芯をつけたまま6等分のくし形切りにする。りんごは皮つきのまま8等分のくし形切りにし、芯を取る。

3 1の豚肉の水けをペーパータオルでふく。鍋にオリーブ油を中火で熱し、豚肉を入れ、転がしながら全体に焼き色がつくまで3~4分焼き、取り出す。

4 鍋をペーパータオルでふいてきれいにする。玉ねぎを広げ入れて塩をふり、豚肉をのせて白ワインを回し入れ、強火にかける。煮立ったらふたをして、弱火で40分ほど蒸し煮にする。

5 豚肉の周りにりんご、ローズマリーを入れ、ふたをして10分ほど蒸し煮にする。豚肉を食べやすく切って器に盛り、玉ねぎ、りんご、ローズマリー、粒マスタードを添える。

POINT

塩と砂糖をすり込み、ひと晩ねかせる。
肉のうまみが凝縮し、砂糖の保水効果
でやわらかく、しっとり仕上がる。

白ワインを加えたら、少ない水分で蒸し
煮にする。白ワインの風味がしっかり移
り、うまみを逃がさない。

豚肉とレンズ豆の煮込み
→作り方はP.72

豚肉とひよこ豆のトマト煮込み
→作り方はP.73

豚肉とレンズ豆の煮込み

トマトのうまみと甘みがぎゅっと濃縮されたドライトマトが
味に深みを与えてくれます。豚肉に、煮汁を吸ってとろりとした
レンズ豆、くたくたのキャベツをからめてどうぞ。

材料(3～4人分)
豚肩ロースかたまり肉…500g
レンズ豆(乾燥)…60g
キャベツ…小½個(400g)
玉ねぎ…½個
にんにく…1かけ
ドライトマト…30g
タイム…4～5本
A□ 塩、砂糖…各小さじ2
オリーブ油…大さじ1

作り方

1 豚肉はAをすり込み、ポリ袋に入れる。空気を抜いて口を閉じ、冷蔵室でひと晩おく。

2 レンズ豆はざるに入れ、さっと洗って水けをきる。キャベツは大きめのざく切りにする。玉ねぎ、にんにくはみじん切りにする。ドライトマトは粗く刻む。1の豚肉の水けをペーパータオルでふく。

3 鍋にオリーブ油大さじ½を中火で熱し、豚肉を入れる。転がしながら全体に焼き色がつくまで3～4分焼き、取り出す。

4 鍋をペーパータオルでふいてきれいにする。オリーブ油大さじ½、にんにく、玉ねぎを入れて中火で熱し、玉ねぎがしんなりするまで炒める。豚肉を戻し入れ、レンズ豆、ドライトマト、タイム、水カップ3(分量外)を加え、キャベツをかぶせるようにのせる。ふたをして、弱火で1時間ほど煮る。

5 豚肉を食べやすく切り、ほかの具や煮汁とともに盛る。

レンズ豆
丸くて薄い形をしていて、水でもどさずに使え、火の通りも早いのが特徴。皮つきと皮なしの2種類が売られているが、ここでは皮つきを使用。

豚肉とひよこ豆の トマト煮込み

ひよこ豆は乾燥豆をもどして煮るので、ホクホク感やうまみを
存分に堪能できます。そして、ローリエやパプリカパウダーが
風味抜群のトマト煮込みに仕上げてくれます。

材料(3～4人分)

豚肩ロースかたまり肉…500g

ひよこ豆(乾燥)…150g

玉ねぎ…½個

にんにく…1かけ

A 塩、砂糖…各小さじ2

オリーブ油…大さじ1

B ホールトマト缶…1缶(400g)
　ローリエ…2枚
　パプリカパウダー…小さじ½

イタリアンパセリ(粗みじん切り)…適量

作り方

1 ひよこ豆はさっと洗って水けをきる。ボウルに入れ、水カップ2½(分量外)を加えてひと晩おく。豚肉はAをすり込み、ポリ袋に入れる。空気を抜いて口を閉じ、冷蔵室でひと晩おく。

2 玉ねぎ、にんにくはみじん切りにする。1の豚肉の水けをペーパータオルでふく。

3 鍋にオリーブ油大さじ½を中火で熱し、豚肉を入れる。転がしながら全体に焼き色がつくまで3～4分焼き、取り出す。

4 鍋をペーパータオルでふいてきれいにする。オリーブ油大さじ½、にんにく、玉ねぎを入れて中火で熱し、玉ねぎがしんなりするまで炒める。豚肉を戻し入れ、ひよこ豆をもどし汁ごとと、Bを加え、トマトを粗くつぶす。煮立ったらふたをして、弱火で1時間ほど煮る。

5 豚肉を食べやすく切り、ほかの具や煮汁とともに盛り、イタリアンパセリをふる。

パプリカパウダー

パプリカを粉末状にしたもので、辛みはなく、かすかな甘みと苦みがある。トマト味と相性がよく、複雑で深い味わいに仕上がる。

カムジャタン

カムジャタンは、骨つきの豚肉とじゃがいもをピリ辛スープで煮込んだ韓国の鍋料理。
コチュジャンや韓国とうがらしのおかげで、辛さの中に深いうまみを感じます。

材料（4人分）
豚スペアリブ…700g
じゃがいも…4個（600g）
玉ねぎ…1個
サラダ油…大さじ½
A ┌ 長ねぎの青い部分…1本分
　└ しょうがの皮…2かけ分
B ┌ おろしにんにく…1かけ分
　│ おろししょうが…1かけ分
　│ 酒…カップ¼
　│ しょうゆ、みそ…各大さじ3
　│ コチュジャン…大さじ2
　└ 粉とうがらし（韓国産）、砂糖…各大さじ1
小ねぎ（小口切り）、白すりごま、
　粉とうがらし（韓国産）…各適量

POINT

スペアリブは焼いて香ばしさをプラス。
先にやわらかくゆでてから、じゃがいも
や調味料を合わせて煮ると、じゃがいも
が煮くずれない。

作り方

1 鍋にサラダ油を中火で熱し、豚スペアリブを入れる。上下を返しながら全体に焼き色がつくまで焼き、取り出す。

2 鍋の余分な脂をペーパータオルでふく。スペアリブを戻し入れ、しっかりかぶる量の水を注ぎ、Aを加えて強火にかける。煮立ったらアクをとり、弱火で1時間ほどゆでる。途中、ゆで汁から肉が出たら、水を足す。

3 スペアリブを取り出し、ゆで汁カップ4をとりおく（足りない場合は、水を足す。）。

4 じゃがいもは皮をむいて半分に切り、水にさっとさらして水けをきる。玉ねぎは半分に切って1.5cm幅のくし形切りにする。

5 2の鍋をきれいにし、3のとりおいたゆで汁、Bを入れて混ぜる。スペアリブを戻し入れ、4を加えて強火にかける。煮立ったら弱めの中火にし、じゃがいもがやわらかくなるまで20分ほど煮る。小ねぎ、白すりごま、粉とうがらしをふる。

ルーロー飯

豚バラを甘辛く煮込んだ、
台湾を代表するローカル飯。
八角や五香粉の風味をきかせ、
煮汁をからめたゆで卵、高菜漬けを添えると、
本場のような味が楽しめます。

八角
中国料理の代表的なスパイス
で、八角形の形が特徴。独特
の甘い香りがあり、角煮やルー
ロー飯などの香りづけに使わ
れる。

ウーシャンフェン
五香粉
シナモン、クローブ、花椒、陳
皮、八角などを数種類組み合
わせたミックススパイス。ひとふ
りで本格中華味に。食材の臭
み消しの効果もある。

材料（3～4人分）
豚バラかたまり肉…500g
卵（常温にもどす）…4個
玉ねぎ…1個
しょうが…2かけ
にんにく…2かけ
ごま油…大さじ1

A
八角…2個
紹興酒、しょうゆ…各大さじ4
砂糖…大さじ2
黒酢、オイスターソース…各大さじ1
五香粉…小さじ½
水…カップ1

温かいごはん、高菜漬け…各適量

作り方

1 鍋に湯を沸かして中火にし、卵をお玉などにのせてそっと入れる。ときどき転がしながら8分ほどゆで、冷水にとって冷まし、殻をむく。

2 玉ねぎは縦半分に切って横半分に切り、縦薄切りにする。しょうが、にんにくはみじん切りにする。豚肉は1～2cm角に切る。

3 鍋にごま油、玉ねぎを入れて中火で熱し、軽く焼き色がつくまで10分ほど炒める。豚肉を加えて色が変わるまで炒め、しょうが、にんにくを加え、香りが立つまで炒める。

4 Aを加えて混ぜ、強火にする。煮立ったら弱めの中火にし、30分ほど煮る。中火にし、ゆで卵を加えて2～3分煮からめる。器にゆで卵以外をごはんとともに盛り、半分に切ったゆで卵、高菜漬けを添える。

にんにくしょうゆ煮豚

たっぷりのにんにくでパンチをきかせるので、満足感があります。
最後に煮汁だけを煮詰めて煮豚にかけると、おいしさも倍増。

材料(4人分)
豚肩ロースかたまり肉…500g
にんにく…4かけ
サラダ油…大さじ½
A
　しょうゆ…大さじ5
　砂糖、はちみつ…各大さじ2
　水…カップ2½
白髪ねぎ、パクチー(ざく切り)…各適量

作り方

1 鍋にサラダ油を中火で熱し、豚肉を入れる。転がしながら、全体に焼き色がつくまで5分ほど焼き、取り出す。

2 鍋の余分な脂をペーパータオルでふき、Aを入れて混ぜる。豚肉を戻し入れ、にんにくを加えて中火にかける。煮立ったらふたをして、弱火で30分ほど煮る。途中、1度上下を返す。

3 ふたを取って火を止め、厚手のペーパータオルをぬらしてかたく絞り、豚肉にかぶせる。ペーパータオルの色が変わるまで煮汁をかけ、ペーパータオルの周囲に菜箸で穴を8カ所あける。弱火にかけ、30分ほど煮る。途中、1度上下を返し、豚肉に煮汁をかける。

4 ペーパータオルをはずして煮豚を取り出し、15分ほどおいてから食べやすく切る。鍋に残った煮汁を強めの中火にかけ、とろみがつくまで4〜5分煮詰める。

5 器に煮豚とにんにくを盛り、煮汁適量をかけ、白髪ねぎとパクチーを混ぜて添える。

POINT
肉にペーパータオルをかぶせ、落としぶた代わりに。煮汁をしっかりかけ、周囲に穴を開けておくと、煮る間にペーパータオルが浮き上がらず、少ない煮汁でも効率よく味がしみ込む。

豚スペアリブの
マーマレード煮込み

マーマレードのフルーティーな甘酸っぱさがスペアリブにぴったり。
つやつや、照り照りの仕上がりも食欲をそそります。

材料（4人分）
豚スペアリブ…700g
サラダ油…大さじ½
A ┌ オレンジマーマレード…100g
　│ しょうゆ、酒…各大さじ4
　│ 砂糖…大さじ1
　└ 水…カップ1½
クレソン…適量

作り方

1 鍋にサラダ油を中火で熱し、豚スペアリブを入れる。両面に焼き色がつくまで5分ほど焼き、取り出す。

2 鍋の余分な脂をペーパータオルでふき、Aを入れて混ぜる。スペアリブを戻し入れ、強火にかけ、煮立ったらふたをして、弱火で50分ほど煮る。

3 ふたを取って中火にし、煮汁が照りよくからむまで、軽く煮詰める。器に盛り、クレソンを添える。

もつ煮込み

下ゆでして臭みを除いた豚もつをじっくりゆで、ここで充分やわらかくするのがコツ。
あとは野菜やこんにゃくとともに煮込み、味を入れていきます。

材料(4～5人分)

豚白もつ(ボイル済み)…400g
大根…⅕本(200g)
にんじん…½本(80g)
ごぼう…½本(80g)
こんにゃく(アク抜き済み)…小1枚(120g)

A
┌ 長ねぎの青い部分…1本分
│ しょうがの皮…2かけ分
│ 酒…大さじ3
└ 水…カップ8

B
┌ みそ…大さじ6
│ しょうゆ…大さじ2
└ 砂糖…大さじ1

長ねぎ(小口切り)、一味とうがらし…各適量

作り方

1 鍋にたっぷりの湯を沸かして豚白もつを入れ、弱めの中火で5分ほどゆでる。ざるにあげ、水洗いして水けをきる。

2 鍋をきれいにし、もつ、Aを入れて強火にかけ、煮立ったらアクをとる。弱火にし、もつがやわらかくなるまで1時間ほど煮る。

3 大根は皮をむいて5mm幅のいちょう切りにし、にんじんは皮をむいて5mm幅の半月切りにする。ごぼうは包丁の背で軽く皮をこそげ、5mm幅の斜め薄切りにし、水にさっとさらして水けをきる。こんにゃくはスプーンでひと口大にちぎる。

4 2の長ねぎ、しょうがの皮を取り除き、3、Bを加え、混ぜる。具に煮汁がかぶっていなければ水を足し、強火にかける。煮立ったら弱火にし、ときどきアクをとりながら30分ほど煮る。火を止め、ふたをして30分以上おく。

5 食べるときに再度温める。器に盛り、長ねぎをのせ、一味とうがらしをふる。

POINT

もつは臭みが強いので、ボイル済みのものを使う場合も、必ず下ゆでをして。熱湯で5分ほどゆで、しっかり水洗いする。

ひき肉とキャベツの重ね煮

キャベツと肉だねを重ねて煮るだけなので簡単。
肉のうまみと煮汁がしっかりしみ込んだキャベツが、文句なしのおいしさです。

材料（4人分）

合いびき肉…300g
キャベツ…大½個（600g）
玉ねぎ…½個

A
溶き卵…1個分
パン粉…カップ⅓
牛乳…大さじ3
塩…小さじ1
こしょう…少々

B
ローリエ…1枚
デミグラスソース缶…½缶（約150g）
トマトケチャップ…大さじ1
ウスターソース…大さじ½
塩…小さじ¼
こしょう…少々
水…カップ1½

作り方

1 キャベツは1枚ずつはがし、3～4等分に切る。玉ねぎはみじん切りにする。

2 ボウルにひき肉、玉ねぎ、Aを入れ、粘りが出るまで練り混ぜる。

3 鍋にキャベツの⅓量を敷き、**2**の半量をのせ、スプーンなどで広げる。これをもう1回くり返し、残りのキャベツをのせ、上から手でおさえる。

4 Bを合わせて混ぜ、**3**に回し入れる。強火にかけ、煮立ったらふたをして、弱火で30分ほど煮る。

POINT

キャベツをすき間なく敷き、上に肉だねをスプーンなどで全体に薄く広げる。最後にキャベツをのせたら手でおさえ、高さ8cmくらいに整えて。

ボルシチ

ウクライナ発祥のボルシチは、ビーツの鮮やかな赤を生かした煮込み料理。
酸味のあるサワークリームを添え、混ぜながら味の変化を楽しみます。

材料（4人分）
牛すね肉（シチュー用）…500g
ビーツ…1個（200g）
玉ねぎ…½個
にんじん…½本（80g）
キャベツ…4枚（200g）
トマト…1個（150g）
にんにく…1かけ
ローリエ…2枚
バター…30g
塩…小さじ1
こしょう…少々
サワークリーム、ディル（ざく切り）…各適量

ビーツ
ボルシチに欠かせない野菜で、かぶのような形だが、ほうれん草の仲間。ほんのり甘く、鮮やかな赤い色が特徴。独特の土臭さは、加熱すると消える。

POINT

すね肉はやわらかくなるまで時間がかかるので、先にゆでておく。

ビーツは皮をむいて包丁で普通に切ればOK。色素が強いため、まな板に色移りしやすいので気をつけて。

作り方

1 牛すね肉は大きければひと口大に切る。鍋に入れ、しっかりとかぶる量の水を注ぎ、ローリエを加えて強火にかける。煮立ったらアクをとり、弱火にし、すね肉がやわらかくなるまで1時間30分ほどゆでる。途中、ゆで汁からすね肉が出たら、水を足す。

2 すね肉を取り出し、ゆで汁カップ3½をとりおく（足りない場合は、水を足す）。

3 玉ねぎは薄切りにする。にんじんは皮をむき、キャベツとともに4～5cm長さの細切りにする。トマトはざく切りにし、にんにくはみじん切りにする。ビーツは皮をむき、5mm幅のいちょう切りにする。

4 1の鍋をきれいにし、バターを中火で溶かし、にんにく、玉ねぎ、にんじんを入れて2分ほど炒める。全体がしんなりしたらビーツ、トマトを加え、全体に油がまわるまで炒める。

5 すね肉、キャベツ、2のとりおいたゆで汁、塩、こしょうを加えてなじませ、煮立ったら弱火にし、30分ほど煮る。器に盛り、サワークリーム、ディルを添える。

牛すね肉の赤ワイン煮込み

すね肉や玉ねぎ、セロリをしっかり焼きつけ、炒めることが最大のポイント。
その茶色い「焦げ」がうまみの素となります。ワインは手頃なものでOKです。

材料(4人分)
牛すね肉(シチュー用)…8切れ(800g)
玉ねぎ…2個
セロリの茎…1本分(100g)
にんにく…2かけ
A ┌ 塩…小さじ1½
　└ こしょう…少々
小麦粉…適量
オリーブ油…大さじ2
B ┌ ローリエ…2枚
　├ 赤ワイン…1本(750㎖)
　└ トマトピューレ…150g
バター…20g
マッシュポテト(下記参照)…適量

作り方

1 玉ねぎは縦半分に切って横半分に切り、縦薄切りにする。セロリは筋を取り、縦半分に切って斜め薄切りにする。ともに耐熱ボウルに入れ、ふんわりとラップをかけて電子レンジで12分ほど加熱する。

2 にんにくはみじん切りにする。牛すね肉はAをふり、小麦粉を薄くまぶす。

3 鍋にオリーブ油大さじ1を中火で熱し、すね肉を入れ、転がしながら全体に焼き色がつくまで5〜6分焼き、取り出す。

4 続けてオリーブ油大さじ1を足して強火で熱し、1を入れて10分ほど炒める。強めの中火にし、濃い茶色になるまでさらに5分ほど炒める。にんにくを加え、香りが立つまで炒める。

5 Bを加え、へらで鍋底をよくこそげ、3を戻し入れる。煮立ったらふたをして、弱火で1時間30分ほど煮る。ふたを少しずらしてのせ、煮汁がとろりとするまでときどき鍋底をこそげて混ぜながら、さらに5〜10分ほど煮る。バターを加え、溶かす。器に盛り、マッシュポテトを添える。

【マッシュポテト】
材料(4人分)
じゃがいも…2個(300g)
バター…30g
A ┌ 玉ねぎのすりおろし…⅛個分(25g)
　├ 牛乳…大さじ4
　├ 塩…小さじ½
　└ おろしにんにく、こしょう…各少々

作り方
❶じゃがいもはよく洗い、皮つきのまま1個ずつラップで包み、電子レンジで3分、上下を返して2分30秒ほど加熱する。熱いうちに皮をむいてボウルに入れ、バターを加え、なめらかにつぶす。
❷Aを加え、混ぜる。
＊冷蔵で3〜4日保存可。

牛すじと大根の煮込み

ぷりぷりとしてコラーゲンたっぷりの牛すじ肉を、あっさりとしたしょうゆ煮に。
すじ肉のうまみをたっぷりと吸い込んだ大根も絶品です。

材料(4人分)
牛すじ肉…600g
大根…大½本(600g)
A ┌ 長ねぎの青い部分…1本分
　└ しょうがの皮…2かけ分
B ┌ 酒…大さじ5
　│ しょうゆ、みりん…各大さじ3
　└ 塩…小さじ1⅓
小ねぎ(斜め切りにし、水にさっとさらして
　　水けをきる)…適量

作り方

1 鍋に牛すじ肉を入れ、しっかりとかぶる量の水を注ぎ、中火にかけて煮立たせる。色が変わり、アクが出てきたらざるにあげ、流水でしっかりと洗い、水けをきる。

2 すじ肉を食べやすい大きさに切る。

3 1の鍋をきれいにし、2を入れる。しっかりとかぶる量の水を注ぎ、Aを加えて強火にかける。煮立ったら弱火にし、2時間ほどゆでる。途中、ゆで汁からすじ肉が出たら、水を足す。

4 すじ肉を取り出し、ゆで汁カップ5をとりおく(足りない場合は、水を足す)。

5 大根は皮を厚めにむき、2cm幅の半月切りにする。

6 3の鍋をきれいにし、すじ肉、大根、4のとりおいたゆで汁、Bを入れて混ぜ、強火にかける。煮立ったら弱めの中火にし、落としぶたをして1時間ほど煮る。火を止め、そのまま冷まして味を含ませる。食べる直前に再度温める。器に盛り、小ねぎを添える。

POINT

すじ肉は水から下ゆでし、水洗いする。このひと手間で余分な脂や汚れ、臭みなどが取り除けて、おいしく仕上がる。

くり返し作りたい
定番のおかずスープ

たっぷりの具を煮込んだスープは、「飲む」というより「食べる」のがメイン。
食べごたえも栄養バランスもばっちりです。
ここでは、リピート率の高い定番のスープ4品をご紹介します。

ミネストローネ

トマトは具材兼、極上の調味料。
具を同じ大きさに
切りそろえ、食べやすく。

材料(2〜3人分)
ベーコン(ブロック)…70g
ひよこ豆(水煮)…50g
トマト…1個(150g)
玉ねぎ…¼個
セロリの茎…½本分(50g)
キャベツ…2枚(100g)
オリーブ油…大さじ1

A
┌ ローリエ…1枚
│ 塩…小さじ½
│ こしょう…少々
└ 水…カップ2½

作り方
1 ベーコン、トマト、玉ねぎ、セロリ、キャベツは1〜1.5cm角に切る。

2 鍋にオリーブ油を中火で熱し、ベーコン、ひよこ豆、玉ねぎ、セロリを入れて炒める。玉ねぎがしんなりしたらキャベツを加え、全体に油がまわるまで炒める。

3 A、トマトを加え、煮立ったらふたをして、弱火で15分ほど煮る。

きのこと春雨のサンラータン

辛くて酸っぱくて、クセになる味わい。
卵や春雨のやさしい口当たりも楽しんで。

材料(2〜3人分)
豚こま切れ肉…100g
生しいたけ…3枚
えのきたけ…1袋(100g)
春雨(カットタイプ)…30g
卵…1個
片栗粉…小さじ1

A
- 酢、しょうゆ、酒…各大さじ1½
- 鶏ガラスープの素…小さじ2
- ラー油…小さじ1
- 塩、こしょう、ごま油…各少々
- 水…カップ3

B
- 片栗粉…大さじ½
- 水…大さじ1

ラー油…適量

作り方

1 生しいたけは石づきを取り、薄切りにする。えのきたけは根元を切り落とし、食べやすくほぐす。豚肉は片栗粉をふり、ざっとまぶす。卵は溶きほぐす。

2 鍋にAを入れて混ぜ、中火にかける。煮立ったら豚肉を加え、再度煮立ったらアクをとる。しいたけ、えのき、春雨を加え、5分ほど煮る。

3 Bの水溶き片栗粉を回し入れ、混ぜながらとろみをつける。溶き卵を回し入れ、ふわっと浮いたら火を止め、ひと混ぜする。器に盛り、ラー油をかける。

豚汁

1回目のみそで具材に味を入れ、
仕上げのみそで香りを立たせるのがコツです。

材料（2～3人分）
豚バラ薄切り肉…100g
大根…50g
にんじん…⅕本（30g）
ごぼう…¼本（40g）
里いも…大2個（160g）
長ねぎ…¼本（20g）
こんにゃく（アク抜き済み）
　　…小½枚（60g）
サラダ油…大さじ½
だし汁…カップ3
みそ…大さじ3
一味とうがらし…少々

作り方

1 大根、にんじんは皮をむき、5mm幅のいちょう切りにする。ごぼうは包丁の背で軽く皮をこそげ、ささがきにして水にさっとさらし、水けをきる。里いもは皮をむき、1cm幅の半月切りにし、塩適量（分量外）をすり込んで洗い、水けをきる。長ねぎは1cm幅の斜め切りにし、こんにゃくはスプーンで小さめのひと口大にちぎる。

2 豚肉は3cm長さに切る。

3 鍋にサラダ油を中火で熱し、1を入れて炒める。全体に油がまわったら2を加え、肉の色が変わるまで炒める。

4 だし汁を加え、煮立ったらアクをとり、弱めの中火にする。みその半量を溶き入れ、野菜がやわらかくなるまで7～8分煮る。残りのみそを溶き入れ、ひと煮する。器に盛り、一味とうがらしをふる。

鮭とじゃがいものチャウダー

ほっとなごむようなまろやかな甘み、舌ざわりが魅力。牛乳は煮立たせないように気をつけて。

材料（2〜3人分）
生鮭…2切れ（160g）
じゃがいも…2個（300g）
玉ねぎ…½個
塩…小さじ¼
小麦粉…適量
オリーブ油…小さじ1
バター…20g
A ┌ 塩…小さじ⅔
　│ こしょう…少々
　└ 水…カップ1½
牛乳…カップ1½
パセリ（みじん切り）…適量

作り方

1 鮭はひと口大に切って塩をふり、5分ほどおく。ペーパータオルで水けをふき、小麦粉を薄くまぶす。じゃがいもは皮をむいて1cm幅の半月切りにし、水にさっとさらして水けをきる。玉ねぎは薄切りにする。

2 鍋にオリーブ油を中火で熱し、鮭を入れて両面に焼き色がつくまで焼き、取り出す。

3 鍋の余分な油をペーパータオルでふき、バターを入れて中火で溶かす。玉ねぎを加えてしんなりするまで炒め、小麦粉大さじ1½を加え、粉っぽさがなくなるまで炒める。

4 A、じゃがいもを加えてよく混ぜ、煮立ったらふたをして、弱火で10分ほど煮る。

5 じゃがいもがやわらかくなったら牛乳を加えて混ぜ、鮭を加え、ときどき混ぜながら5分ほど煮る。器に盛り、パセリをふる。

市瀬悦子（いちせえつこ）

料理研究家、フードコーディネーター。「おいしくて作りやすい家庭料理」をテーマに、テレビ、雑誌、書籍など幅広い分野で活躍。なじみのある食材を使いながら日々の食生活を楽しくするアイディアとひらめきのある料理に定評がある。著書に『のせて焼くだけ。毎日のオーブンレシピ』（ワン・パブリッシング）、『炊き込みベジごはん』（主婦と生活社）ほか多数。
公式サイト　https://www.e-ichise.com/
Instagram　@ichise_etsuko

STAFF
デザイン　川崎洋子
撮影　澤木央子
スタイリング　大畑純子
調理アシスタント
　織田真理子　小阪泉　恒松由佳子

校正　草樹社
取材・文　田子直美

撮影協力　UTUWA

フライパンでささっと！鍋でじっくり！
おいしいボリューム煮込み

2023年10月29日　第1刷発行

著者　　　市瀬悦子
発行人　　松井謙介
編集人　　長崎有
企画編集　広田美奈子
発行所　　株式会社　ワン・パブリッシング
　　　　　〒110-0005　東京都台東区上野 3 - 24 - 6
印刷所　　共同印刷株式会社
製本所　　古宮製本株式会社

●この本に関する各種お問い合わせ先
内容等のお問い合わせは、下記サイトのお問い合わせフォームよりお願いします。https://one-publishing.co.jp/contact/

不良品（落丁、乱丁）については　Tel 0570-092555
業務センター　〒354-0045 埼玉県入間郡三芳町上富279-1

在庫・注文については書店専用受注センター
Tel 0570-000346

ワン・パブリッシングの書籍・雑誌についての新刊情報・詳細情報は、下記をご覧ください。
https://one-publishing.co.jp/